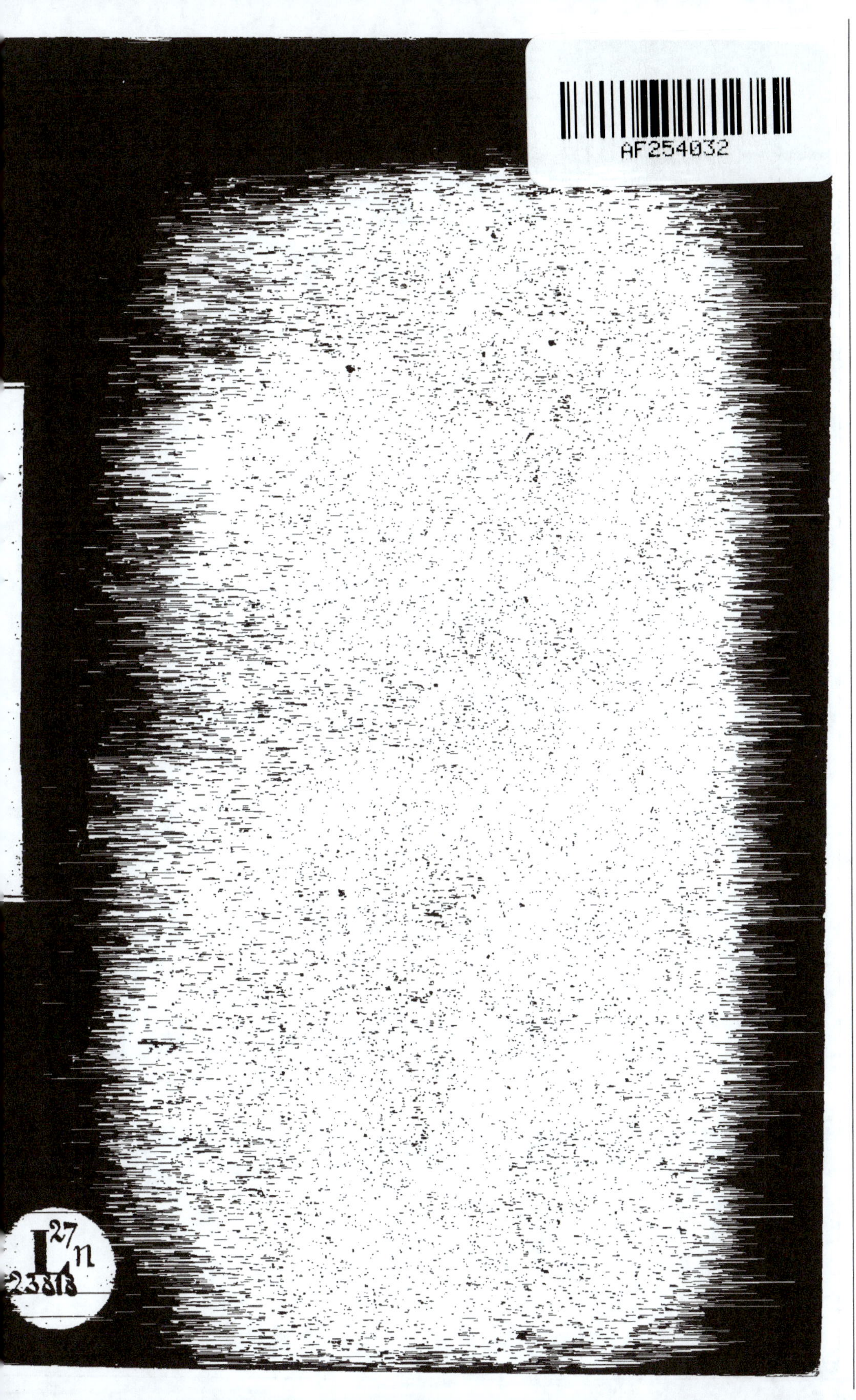
AF254032

LA VÉRITÉ

SUR UNE CALOMNIE RÉPANDUE CONTRE MOI

PIÈCES JUSTIFICATIVES

PARIS

IMPRIMERIE RENOU ET MAULDE

144, RUE DE RIVOLI, 144

1868

LA VÉRITÉ

SUR UNE CALOMNIE RÉPANDUE CONTRE MOI

PIÈCES JUSTIFICATIVES

Si modeste que soit ma position, elle m'a attiré quelques-uns de ces envieux toujours prêts à dénigrer ceux que le succès paraît avoir favorisés.

Ils ont fouillé dans ma vie avec l'espoir d'y rencontrer quelque acte qui pût servir de prétexte à la calomnie, et ils ont cru l'avoir trouvé dans un procès que j'ai engagé il y a quelques années avec un agent de change, et qui s'est terminé par une transaction.

S'emparant de faits qu'ils arrangeaient à leur guise, ils ont répandu le bruit que j'avais, en 1862, fait des opérations de

Bourse qui avaient mal tourné, et que, débiteur envers mon agent de change de plus de 45,000 fr., j'avais refusé de m'exécuter intégralement, si bien que, craignant de tout perdre en présence de l'exception de jeu que je menaçais d'opposer, l'agent de change avait dû se contenter d'une somme de 16,000 fr., contre laquelle il m'avait donné une quittance pour solde.

Dès que cette calomnie est parvenue jusqu'à moi, j'ai employé tous les moyens en mon pouvoir pour remonter à sa source, provoquer un débat public et convaincre mes ennemis de la fausseté de leurs allégations.

Mais plus je manifestais mon énergique volonté de ne reculer devant aucune explication, de faire la lumière sur tous les faits, plus la calomnie reculait, s'enveloppant de réticences, de faux-fuyants, et se dérobant ainsi à mon étreinte.

Enfin, après plus d'une année passée à provoquer un débat contradictoire, après maintes tentatives à l'amiable et devant la justice, lassé de ces échappatoires et de ces hypocrites dénégations au milieu desquelles la calomnie poursuivait sourdement son œuvre, je suis allé droit à l'agent de change dont le nom avait été prononcé : je l'ai sommé de s'expliquer afin qu'il ne restât aucun doute sur le caractère de l'affaire et sur ma libération intégrale; et, convaincu que j'avais payé, et au-delà, ce que je devais, je n'ai pas hésité à le provoquer à un nouvel examen de compte; je lui ai offert d'annuler ma quittance, de rétablir les choses en leur premier état, m'engageant par avance à lui payer la somme, quelle qu'elle fût, que les arbitres de son choix estimeraient lui être due en sus des 16,000 fr., ne lui demandant en retour que de me restituer lui-même ce que je lui aurais payé en trop si la décision arbitrale fixait ma dette à une somme moindre.

Si jamais proposition fut loyale, c'est assurément celle-là :
elle attestait à la fois et mon désir de fermer la bouche à la
calomnie, et mon entière confiance dans le résultat de l'examen que je provoquais. Et quant à celui qui avait encouragé
de faux bruits qu'un mot de lui aurait pu arrêter, il se devait
à lui-même, mais surtout il me devait à moi, sous peine
d'être qualifié durement, d'accepter l'offre honnête que je lui
adressais spontanément.

Et cependant, lui aussi, il a reculé devant ma proposition,
ou plutôt il l'a acceptée avec des restrictions qui non-seulement sont inacceptables, mais qui encore, comme on le verra
par leur contexte même, témoignent de la crainte qu'éprouvait
cet agent de change de voir sa créance réduite à une somme
inférieure à celle qu'il a reçue de moi.

De tels aveux, d'un côté, de tels faux-fuyants, de l'autre, me
vengent assurément de la calomnie.

Aussi la seule représaille que je prétende exercer aujour-
d'hui consistera-t-elle à présenter, à mes amis et à tous ceux
qui peuvent s'intéresser à la défense d'un honnête homme in-
justement accusé, l'historique complet des faits qui se sont
passés entre mes adversaires et moi.

J'ai écarté avec soin des pages qui vont suivre tout ce qui
pouvait ressembler à une polémique et à une discussion, afin
qu'on ne puisse pas m'opposer que je me ménage un facile
triomphe en discutant en face d'adversaires qui gardent le
silence, et dont la parole, s'il leur plaisait de la faire entendre,
aurait bientôt raison de mes allégations et de mes arguments.

J'ai donné la parole aux actes seuls, aux actes judiciaires
revêtus d'un caractère d'authenticité telle qu'ils ne comportent
ni dénégation ni atténuation.

§ 1.

Un jour du mois d'octobre 1866, je me trouvais aux courses de la Marche avec ma femme, quand, rencontrant un Monsieur Tavernier que je connaissais, je fus frappé de l'attitude froide et embarrassée qu'il gardait à mon égard.

Désireux de connaître la cause d'un procédé si insolite, je lui écrivis le lendemain pour l'engager à venir me donner des explications.

Il se rendit à mon appel, et, aux questions que je lui adressai, il répondit que la froideur que j'avais remarquée la veille s'expliquait par certains bruits fâcheux qui couraient sur mon compte et qui me représentaient comme ayant, en 1862, refusé de payer à M. Bligny, agent de change, une somme de 45,000 fr. que je lui devais.

Déjà quelques vagues rumeurs m'avaient signalé ce propos : me souvenant de certaines explications assez vives échangées entre moi et un intéressé de la charge Bligny, M. Ch. Delorme, je soupçonnai que c'était ce dernier qui, pour se venger des duretés que je ne lui avais pas ménagées, avait imaginé un système de calomnies basées sur l'affaire même qui les lui avait attirées, affaire qu'il devient nécessaire d'expliquer en peu de mots.

§ 2.

Pendant plusieurs années, j'ai fait avec M. de Bligny, agent de change, diverses opérations de Bourse. Chaque mois mon compte m'était présenté et soldé.

On arriva ainsi à la liquidation de septembre 1862, et je lui payai à cette époque une somme assez importante, résultat des opérations faites dans le cours de ce mois.

Mais une difficulté s'éleva entre nous à la liquidation suivante :

M. Bligny avait-il pu me vendre à perte dans le courant de novembre et me débiter de 45,000 fr., différence entre le cours de l'achat et celui de la revente faite à cette date?

Au contraire, étais-je en droit de soutenir que l'affaire m'était étrangère à partir de la liquidation d'octobre, et étais-je en droit de prendre le cours de cette date comme base de notre règlement, qui en ce cas se soldait par une somme de 12,900 fr. à mon débit ?

Tels étaient les termes dans lesquels s'engageait la difficulté entre nous.

Quant à moi, je prenais l'initiative judiciaire, et, suivant procès-verbal de Depré, huissier, en date du 2 décembre 1862, je faisais offres réelles à M. Bligny de la somme de 12,990 fr., solde débiteur au 31 octobre 1862.

De son côté, M. Bligny me faisait donner assignation devant le tribunal de commerce en paiement de la somme de 45,684 fr. formant le solde débiteur de l'opération au 16 novembre 1862.

Les débats allaient s'engager sur ce terrain, lorsque nos agréés se rapprochèrent dans une commune pensée de conciliation, et se mirent d'accord sur une transaction qui fixait mon solde débiteur à la somme de 16,400 fr. — C'était le solde auquel conduisait le règlement de l'opération arrêtée à une époque intermédiaire entre nos prétentions extrêmes, c'est-à-dire au cours des premiers jours de novembre.

J'acceptai, comme M. Bligny le fit de son côté, le chiffre transactionnel arrêté entre nos agréés, et je versai aussitôt la somme de 16,400 fr. en échange de laquelle je reçus une quittance pour solde de compte.

Ai-je besoin de dire que cette transaction n'avait pas été imposée à M. Bligny par la menace de l'exception de jeu?

Non-seulement je n'avais pas menacé de l'opposer, mais mon système même de défense, l'offre que je faisais du solde, dont le *quantum* seul était en discussion, protestaient contre une telle exception que je m'étais mis dans l'impuissance volontaire d'invoquer !

§ 3.

C'est cependant cette affaire qui, perfidement présentée plus tard, avait servi de texte au bruit calomnieux dont M. Tavernier avait recueilli l'écho et dont il s'était peut-être déjà fait le complaisant propagateur.

En retour de la confidence de M. Tavernier, je lui expliquai successivement les faits ; je lui montrai ma quittance pour solde, et, sans lui dissimuler le mécontentement que j'éprouvais de le voir si facile à accueillir la calomnie, si oublieux des services que je lui avais rendus et qui auraient pu lui inspirer peut-être une autre attitude, je lui demandai de me dire loyalement de qui il tenait le propos en question.

M. Tavernier s'y refusa en se retranchant derrière la promesse de silence qu'avait exigé de lui la personne qui lui avait raconté l'affaire.

J'insistai néanmoins : mais tout ce que je pus obtenir de lui, fut l'aveu que l'auteur du propos était un des intéressés de la charge de M. Bligny.

Quel était cet intéressé, car la charge en comptait quinze ou seize? M. Tavernier se montrait inflexible : son silence me confirma de plus en plus dans la pensée que c'était bien M. Ch. Delorme qui avait été le premier artisan de la calomnie.

Décidé à ne pas laisser tomber l'affaire, et à provoquer un examen nouveau, des explications contradictoires qui me donneraient le moyen de réfuter la fausseté des bruits répandus contre moi, je pris le parti de faire interpeller judiciairement M. Tavernier d'abord, et ensuite M. Ch. Delorme, afin que tout se fît au grand jour, et qu'il restât trace de l'attitude et des réponses de chacun dans les éclaircissements que j'étais résolu à poursuivre.

Ce qui me détermina à comprendre dans cette sorte de procédure extrajudiciaire M. Tavernier aussi bien que M. Delorme, c'est que j'avais bientôt appris que, malgré les explications que je lui avais fournies, M. Tavernier avait lui-même propagé les bruits qu'il aurait été plutôt de son devoir de réfuter.

Interpellé par l'officier ministériel, M. Tavernier se retrancha comme avec moi dans une réserve absolue : il répondit (acte du 19 novembre 1866) « qu'il ne pouvait quant à pré- « sent nommer la personne qui aurait tenu le propos repro- « ché. »

Quant à M. Ch. Delorme, son langage, très-étudié, très-perfide, avait pour but, tout en maintenant l'allégation calomnieuse, d'en éluder la responsabilité et de détourner l'orage sur M. Bligny, le principal intéressé dans l'affaire, disait-il, et qui pourrait fournir de plus amples explications.

« Je n'ai parlé, dit-il (acte d'interpellation du ministère de « Tainne, huissier, en date du 5 décembre 1866), de M. Bon- « nefoy à aucune autre personne que celles qui, comme moi

« étaient intéressées à ses affaires, et je n'ai jamais dit *à qui*
« *que ce soit* que M. Bonnefoy se fût refusé au paiement de
« ce qu'il devait à M. Bligny depuis trois ans, par la raison que
« M. Bonnefoy a réglé avec M. Bligny au mois de janvier
« 1863. »

Jusque-là tout va bien : la dénégation est assez nette pour
me donner satisfaction ; mais voici l'hypocrite explication qui
va venir jeter sur ma conduite dans l'affaire un soupçon d'autant plus fâcheux qu'il s'enveloppe de réticences et se prête
à toutes les suppositions :

« Mais, il y a quelques jours, M. Tavernier, que je ne con-
« naissais nullement jusqu'alors, m'a été présenté par un ami
« commun et m'a fait voir une sommation qu'il avait reçue,
« à la requête de M. Bonnefoy, suivant exploit de Tainne,
« huissier, en me demandant si je connaissais le sieur Bon-
« nefoy et s'il était mon débiteur. Je lui ai alors répondu que
« M. Bonnefoy ayant été débiteur envers M. Bligny, agent de
« change, dont j'étais l'associé, M. Bligny *s'était trouvé dans*
« *l'obligation de transiger avec M. Bonnefoy* au sujet de ses
« comptes, et de recevoir la somme de 16,000 fr. au lieu de
« 45,000 fr. qui lui était dus : que par conséquent je n'avais,
« *en droit*, rien à lui réclamer ; qu'au surplus M. Bligny
« pourrait lui donner toutes explications qu'il désirerait, et
« je l'engageai à le voir. »

La contradiction entre cette dernière partie de la réponse et
la première est frappante !

Tout d'abord, et comme poussé par la force de la vérité,
M. Delorme se défend d'avoir tenu le propos reproché, et il
prend soin de le réfuter lui-même en reconnaissant qu'il aurait
été mal venu à « dire *à qui que ce soit* que M. Bonnefoy s'é-
« tait refusé au paiement de ce qu'il devait à M. Bligny, par

« la raison que M. Bonnefoy avait réglé avec M. Bligny au
« mois de janvier 1863. »

Pourquoi alors, et cela étant, avoir parlé à M. Tavernier de
l'obligation dans laquelle avait été M. Bligny de transiger, et
de se contenter de « 16,000 fr. au lieu de 45,000 fr. qui lui
« étaient dus? »

De quelle *obligation* entendait-il parler, comment s'impo-
sait-elle à M. Bligny et le forçait-elle à perdre les deux tiers
de ce qui lui était dû ?

L'allusion à *l'exception de jeu* devient ici trop évidente
pour que j'y insiste ; seule elle pouvait expliquer dans la pensée intime de M. Delorme cette *obligation impérieuse* condui-
sant à un sacrifice considérable de la part de M. Bligny.

Quoi qu'il en soit, et puisque M. Delorme se retranchait
derrière l'opinion et le témoignage personnels de M. Bligny,
c'est à celui-ci que je m'adressai aussitôt.

Je le mis en demeure de me déclarer s'il avait tenu un propos qu'il devait savoir contraire à la vérité, et pour qu'il ne
restât aucun doute sur ma ferme volonté de ne rien laisser
dans l'ombre, de ne pas reculer derrière des explications pré-
cises, je le provoquai spontanément à une annulation de notre
transaction et de ma quittance pour solde, et à un nouvel examen du fond de l'affaire.

Voici, en effet, les principaux passages de mes interpella-
tions (acte du ministère de Tainne, huissier, du 11 février
1867).

Après avoir rappelé les faits connus, je poursuis ainsi :

« Que M. Bonnefoy, qui a toujours protesté contre la légi-
timité de la réclamation qui lui était faite par M. Bligny, et

qui avait fait offres réelles de la somme qu'il pensait **seule de**voir, ne peut, alors surtout qu'un paiement a été fait par lui et accepté pour solde par M. Bligny, rester sous le coup d'une allégation calomnieuse ; que le requérant n'a jamais entendu se soustraire au paiement de ce qu'il devait légitimement, et qu'il est encore prêt à soumettre aux tribunaux l'apurement de son compte avec M. Bligny, si ce dernier veut bien remettre les choses en l'état où elles étaient avant le mois de janvier 1862, en déposant en main tierce la somme qui lui a été payée ; qu'avant de recourir aux voies judiciaires qu'il se réserve d'employer pour obtenir la réparation qui lui est due, à raison des propos calomnieux dont il s'agit, il a intérêt à mettre M. Bligny en demeure de déclarer si, depuis son règlement de compte avec le requérant, il aurait déclaré soit à M. Tavernier, soit à toute autre personne, que M. Bonnefoy se serait soustrait au paiement de ce qu'il lui devait. »

En face de cette interpellation si nette, M. Bligny, s'il porte sur l'affaire le jugement que lui a prêté M. Delorme quand il en a appelé à son témoignage, ne manquera pas de confirmer avec de nouveaux détails tout ce qu'a dit ce dernier ?

Eh bien ! il n'en est rien !

M. Bligny mis en demeure de parler, de s'expliquer, se borne à répondre à l'huissier qui a consigné sa réponse sur son procès-verbal : « qu'il n'a aucun souvenir relatif à l'af-« faire. »

J'aurais pu certes m'en tenir à cette déclaration : elle prouvait, à n'en pas douter, que le principal intéressé dans l'affaire, M. Bligny, ne s'associait pas au jugement que la malveillance de M. Ch. Delorme avait formulé.

Mais je n'étais pas homme à me contenter d'une demi-satisfaction : je ne voulais pas laisser à mes ennemis la ressource de dire que j'avais saisi l'occasion d'une réponse évasive, d'un oubli volontaire de M. Bligny, pour enterrer l'affaire et triompher à l'aise d'un silence généreux !

A tout prix je voulais rouvrir le débat sur le fond du débat, car c'était le seul moyen de montrer qui de mes adversaires ou de moi avait confiance en son bon droit.

Je revins donc à M. Tavernier : je l'assignai en dommages-intérêts devant le tribunal civil, à raison des propos qu'il avait tenus sur mon compte et que je soutenais contraires à la vérité.

En l'appelant devant le tribunal civil, je lui permettais de *tout prouver contre moi*, ce qu'il n'aurait pu faire si je l'avais cité en diffamation devant la police correctionnelle, où, comme chacun sait, le diffamateur est condamné alors même que les faits qu'il a propagés seraient vrais, la loi n'autorisant pas la preuve des faits diffamatoires.

Par le choix que je faisais de la voie civile, j'ouvrais donc l'arène à M. Tavernier comme à M. Delorme, son tenant : je leur donnais le moyen d'échapper aux dommages-intérêts en faisant la preuve contre moi de la vérité du propos dont je me plaignais. S'ils prouvaient que, devant 45,000 fr. à M. Bligny, je n'avais payé que 16,000 fr., ils sortaient triomphants des débats, et leur conduite était justifiée.

Eh bien ! ici encore la calomnie a reculé, honteusement reculé !

Comme M. Bligny, mis en demeure de faire sa preuve, M. Tavernier s'est retranché derrière une dénégation absolue du propos, et il a refusé le combat judiciaire !

En effet, en réponse à mon assignation du 20 février 1867, il faisait signifier des conclusions par acte d'avoué, en date du

11 avril 1867, dans lesquelles il déclarait « *qu'il n'avait pas* « *tenu les propos sur lesquels je basais ma demande.* » C'était un moyen facile d'éluder la discussion sur l'affaire de 1862.

Alors j'offris de prouver que les propos avaient été tenus, même depuis les explications que j'avais fournies à M. Tavernier, et que notamment il les avait répétés dans un cercle dont il faisait partie, et qui se tient dans une maison du boulevart Montmartre, dont je suis le propriétaire.

Après diverses plaidoiries dans lesquelles l'avocat de mon adversaire, l'honorable Me Josseau, s'efforça de faire repousser ma demande d'enquête en soutenant que je ne pouvais être admis à faire la preuve des faits que j'articulais, la première chambre du tribunal, conformément aux conclusions de M. l'avocat impérial Chevrier, rendit, sous la présidence de M. Benoit Champy, à la date du 10 mars 1867, un jugement qui repoussait le système de M. Tavernier, accueillait celui que je défendais et m'autorisait à faire la preuve des faits par moi articulés.

Voici en quels termes le jugement était rendu :

« Le Tribunal,

« Ouï, en leurs conclusions et plaidoiries respectives, Limet, avocat, assisté de Mouillefarine, avoué de Bonnefoy, Josseau, avocat, assisté de Tissier, avoué de Tavernier ; ensemble en ses conclusions, M. Chevrier, substitut de M. le procureur impérial, après en avoir délibéré, etc. ;

« Attendu qu'en réponse à la demande en paiement de dommages-intérêts, pour le préjudice résultant de propos diffamatoires, Tavernier allègue qu'il se serait borné à répondre confidentiellement au Président du Cercle sur diverses questions concernant Bonnefoy ;

« Que si Tavernier avait agi ainsi, Bonnefoy ne serait fondé à exercer aucune action contre Tavernier;

« Mais qu'il est articulé par le demandeur que Tavernier aurait dit à plusieurs membres d'un cercle que Bonnefoy s'était refusé à payer à Bligny, agent de change, la somme qu'il lui devait à raison d'opérations de Bourse faites pour son compte;

« Qu'en outre, Bonnefoy avance que, malgré les explications fournies et la quittance pour solde montrée le 15 octobre à Tavernier, celui-ci n'en aurait pas moins persisté postérieurement à cette date à reproduire publiquement l'allégation du fait diffamatoire;

« Attendu que, si elles étaient prouvées, ces articulations montreraient non-seulement l'imprudence de Tavernier, mais sa mauvaise foi;

« Attendu que dans ces circonstances Bonnefoy est autorisé à faire la preuve des faits ci-dessus énoncés, lesquels sont pertinents et admissibles;

« Par ces motifs,

« Ordonne que la preuve des deux faits articulés par Bonnefoy sera faite devant M. Frèrejean, juge, etc. »

A la suite de ce jugement qui était un premier échec pour mon adversaire, je me mis en mesure de faire comparaître devant la justice les personnes que je savais ou du moins que je supposais avoir entendu les propos répétés par M. Tavernier.

Mais on sait quelle répugnance éprouvent les gens du monde à être mêlés à des débats judiciaires, alors surtout qu'il s'agit de venir rapporter des propos qui seraient l'occasion de dommages-intérêts;

Toujours est-il que les divers témoins que j'avais fait appeler ou ne sont pas venus ou se sont renfermés dans des réponses tellement discrètes sur les conversations qu'avait pu leur tenir M. Tavernier, que la preuve que je cherchais à faire me fit défaut, et que je dus me désister de l'instance.

Mais en me désistant je tenais à bien laisser comprendre à M. Tavernier, ne fût-ce que pour accentuer davantage la leçon, que je gardais entière ma conviction et que je ne cédais que devant l'impossibilité d'une preuve juridique.

Voici donc en quels termes était conçu l'acte qui contenait mon désistement (16 juillet 1867) :

« Que les enquêtes et contre-enquête auxquelles il a été procédé n'ont en aucune façon modifié la conviction par laquelle M. Bonnefoy a été poussé à faire le procès ;

« Qu'il est et demeure convaincu que M. Tavernier a commis la faute de tenir à son égard des propos calomnieux et la faute plus grave encore de refuser de s'éclairer sur la vérité dont M. Bonnefoy lui offrait les preuves ;

« Mais qu'en présence de l'impuissance où il se voit d'établir ces faits devant la justice, il n'entend pas poursuivre plus avant un procès dans lequel la réparation pécuniaire était pour lui sans intérêt aucun ;

« Que ce qu'a voulu le requérant en faisant ce procès, et ce qu'il veut énergiquement encore, c'est apporter par tous les moyens la lumière sur ses règlements avec M. Bligny, agent de change, et démontrer qu'ils ont été plus que libératoires, et en tous cas que l'exception de jeu n'a jamais été invoquée par le requérant ;

« Que c'est le privilége de la calomnie d'être difficilement saisissable ; que le requérant va aviser à d'autres moyens d'atteindre le but qu'il se propose. »

M. Tavernier échappant à ma poursuite, je me retournai vers M. Bligny et le sommai encore de tirer à clair cette affaire de 1862, texte de calomnies que j'étais décidé à poursuivre à outrance.

J'en revins à la proposition d'un arbitrage qui devait avoir pour effet de remettre les choses au même état qu'avant la transaction de janvier 1863, chacun de nous reprenant ses prétentions respectives et les défendant comme au premier jour.

Après bien des tergiversations et des lenteurs, ma proposition fut enfin acceptée. Nous convînmes que ces arbitres, sur le choix desquels nous nous fixâmes — c'étaient M. Mouille-farine père, ancien avoué, et M. Marrand, agréé, — auraient les pouvoirs d'amiables compétiteurs jugeant en dernier ressort ; qu'ils auraient à décider la question portée en 1862 devant le Tribunal de commerce, comme s'il n'y avait eu ni transaction faite ni paiement effectué par moi.

Enfin, je touchais à mon but ! J'allais voir les faits expliqués, la lumière portée partout, et un nouveau débat allait décider si j'avais ou non manqué aux règles de l'honneur et de la délicatesse dans le règlement de l'affaire de 1862, règlement fait d'ailleurs sous les auspices de mon agréé, Mᵉ Petit-jean, qui certes n'eût pas été homme à se prêter à une transaction déshonnête.

Il n'y avait plus qu'à arrêter les termes du compromis, chose facile et qui ne pouvait susciter de difficultés entre nous du moment que nous étions d'accord sur l'objet et le caractère de l'arbitrage.

Voici quel fut le projet qui fut rédigé et adressé par mon avoué au conseil de M. Bligny :

« Entre les soussignés,

« M. Bligny, ex-agent de change, demeurant à Paris, rue etc., etc.

« Et M. Bonnefoy, propriétaire, demeurant à Paris, boule-
« vart des Capucines, n° 41.

« Il a été dit et fait ce qui suit :

« Par suite d'opérations de Bourse faites par M. Bonnefoy
« chez M. Bligny, ce dernier se prétendant créancier de
« M. Bonnefoy d'une somme de 45,684 francs pour solde de
« compte, valeur au   , a reçu de M. Bonnefoy, sui-
« vant procès-verbal de Denis, huissier à Paris, en date du
« 2 décembre 1862, offres réelles de la somme de 12,990 fr.
« 90 c. qu'il prétendait devoir seulement, mais à la charge de
« donner quittance pour solde de tout compte.

« De son côté, M. Bligny, après avoir refusé lesdites offres,
« a fait assigner M. Bonnefoy devant le Tribunal de commerce
« de la Seine, en paiement de la somme de 45,684 fr. 30 c.
« susénoncée.

« Devant le Tribunal de commerce, l'affaire, sur le point
« d'être plaidée, a été conciliée entre les parties.

« A titre de transaction, M. Bligny a reçu, le 22 janvier
« 1863, de M. Bonnefoy, une somme de 16,300 fr. pour solde
« de tout compte et les frais de procès.

« Depuis cette époque, et pour des raisons qu'il est inutile
« d'expliquer ici, M. Bonnefoy et M. Bligny ont résolu, d'un
« commun accord, de considérer comme non avenue la trans-
« action susénoncée et de soumettre leurs comptes à la dé-
« cision d'un tribunal arbitral.

« En conséquence, les parties choisissent pour arbitres sou-
« verains et amiables compositeurs, savoir : M. Bonnefoy,
« M. Mouillefarine père, ancien avoué de première instance,
« demeurant à Neuilly-sur-Seine, rue de Chézy, n° 27 ; »

« Et M. Bligny, M. Marrand, agréé au Tribunal de com-
« merce de la Seine, demeurant à Paris, rue Rossini, n° 2.

« En cas de désaccord, les arbitres sont autorisés à s'adjoindre
« un tiers arbitre sans avoir à remplir, à cet égard, aucune
« formalité, lequel tiers sera désigné par M. le Président du
« Tribunal civil de la Seine, sur simple requête présentée
« par les parties.

« La mission des arbitres consiste à juger le procès in-
« troduit en décembre 1862, par M. Bligny contre M. Bonne-
« foy, devant le Tribunal de commerce de la Seine, en con-
« sidérant comme non avenue la transaction qui l'a terminé,
« et à apprécier définitivement leurs comptes. Les arbitres ju-
« geront comme amiables compositeurs, et leur sentence ne
« sera, en conséquence, susceptible d'aucun recours par voie
« quelconque.

« Le délai du compromis sera de trois mois, à compter
« du jour de l'ouverture des débats; il pourra être prorogé.

« Les arbitres seront autorisés à statuer sur les dépens.

« Fait double à Paris, le

Il était impossible assurément de mieux préciser l'objet de
l'arbitrage, la nature de la difficulté, et les conséquences du
principe admis, de part et d'autre, à savoir, la mise à néant de
la transaction et le retour à l'état de chose antérieur.

Ainsi, s'il était jugé que la créance de M. Bligny était réellement de 45,684 fr., je devais la différence entre cette somme

et les 16,400 fr. que j'avais versés ; par contre, si les arbitres reconnaissaient que je ne devais que les 11,000 fr. dont je soutiens être seulement débiteur, il est bien clair que M. Bligny devait me tenir compte de la différence entre cette somme et les 16,000 fr. qu'il avait reçus de moi.

Eh bien le croira-t-on ! C'est cette dernière conséquence de l'arbitrage, qui est devenue le prétexte du refus de signature de M. Bligny.

En effet, il mit pour condition de sa signature l'introduction dans l'acte d'un renvoi par lui rédigé et stipulant qu'il devrait garder *dans tous les cas* les 16,000 fr. qu'il avait touchés, et que l'arbitrage ne pourrait avoir d'effet à son égard qu'à la condition qu'il lui serait favorable. S'il lui était contraire, tant pis pour moi, il entendait garder quand même les fonds qu'il avait touchés indûment !

Je fus stupéfait, je l'avoue, d'une telle proposition, que quant à moi j'aurais rougi de faire, si j'eusse été dans la position de M. Bligny !

Pour l'honneur de M. Bligny, je me persuadai qu'il ne persisterait pas dans sa prétention ; qu'il descendrait en lui-même, que la réflexion l'éclairerait et surtout le sentiment de sa dignité ; qu'il suffirait de lui rappeler qu'entre nous il y avait plus qu'une question d'argent en jeu, il y avait une question d'honneur ; que reculer, c'était de sa part avouer qu'il m'avait calomnié et qu'il mettait la question d'argent au-dessus de tout autre considération.

Je lui fis donc adresser par le ministère de Mᵉ Tainne, huissier, une nouvelle interpellation, à la date du 21 décembre 1867, dont voici les termes :

« Que le requérant, en butte à des propos calomnieux qui

« tendraient à laisser croire qu'en 1862 il n'aurait pas payé
« intégralement à M. Bligny ce qui lui était dû pour opéra-
« tions faites à la Bourse, n'a reculé devant aucun moyen
« pour confondre la calomnie et prouver la fausseté de cette
« assertion ;

« Que, convaincu qu'en versant à M. Bligny une somme de
« 16,300 fr., par suite d'une transaction faite sous les aus-
« pices de son agréé, il avait payé au-delà même de ce qu'il
« pouvait devoir réellement, M. Bonnefoy n'avait pas hésité à
« provoquer loyalement M. Bligny à un nouvel examen des
« comptes de 1862, comme s'il n'y avait pas eu de transaction
« faite, s'engageant à payer immédiatement tout ce dont il
« serait reconnu débiteur au-delà des 16,300 fr., et deman-
« dant en retour à M. Bligny de restituer de son côté tout ce
« qu'il aurait pu recevoir en trop d'après la révision des
« comptes ;

« Que cette proposition faite par le requérant dans un acte
« judiciaire du 11 février dernier, était tellement loyale et
« prouvait si bien la bonne foi du requérant, qu'elle aurait
« dû être acceptée immédiatement par M. Bligny, sous peine
« de donner à penser qu'il redoutait lui-même la révision des
« comptes et de prouver un parti pris de calomnie contre le
« requérant ;

« Que, cependant et à la suite d'un incident judiciaire qui
« était un nouveau témoignage de l'ardent désir de M. Bon-
« nefoy de faire la lumière sur cette affaire, ce dernier ayant
« adressé à M. Bligny un projet de compromis dans les termes
« précités, n'a pas été peu surpris de voir que M. Bligny
« le lui retournait, mais avec une annotation deman-
« dant l'addition d'une condition absolument inadmis-
« sible ;

« Qu'en effet, à la suite de cette phrase du projet : La mis-
« sion des arbitres consiste à juger le procès introduit en
« décembre 1862, par M. Bligny, contre M. Bonnefoy, devant
« le tribunal de commerce en considérant comme non avenue
« la transaction qui l'a terminé. M. Bligny indiquait comme
« addition à faire à cette phrase les mots suivants : « Sans ce-
« pendant que M. Bligny soit en aucun cas obligé de rappor-
« ter les 16,300 fr. qu'il a reçus de M. Bonnefoy ;

« Que le requérant ne peut admettre que M. Bligny qui,
« par cela même qu'il a propagé la calomnie, s'est placé dans
« l'obligation morale et d'honneur d'accepter la révision de
« compte qu'à ses risques et périls lui propose M. Bonnefoy,
« puisse exiger cette étrange condition de n'exécuter l'arbi-
« trage qu'autant que son résultat lui sera favorable et lui
« donnera de l'argent à recevoir, sans que de son côté il soit
« tenu, s'il est reconnu débiteur, de restituer quoi que ce soit
« des 16,300 fr. qu'il a reçus en 1862 ;

« Que le requérant veut croire qu'il suffira de faire appel
« aux sentiments d'honneur de M. Bligny, pour le ramener à
« des idées plus équitables et le faire renoncer à la condition
« qu'il a mise à la signature du compromis en question ; que
« s'il persistait à exiger l'introduction de la phrase ci-dessus
« rapportée, le requérant serait en droit de croire et de pro-
« clamer partout qu'alors que M. Bligny répandait le bruit
« que M. Bonnefoy ne l'avait pas payé intégralement, la
« vérité était que lui-même, M. Bligny, avait reçu en trop et
« aimait mieux calomnier que rendre l'argent.

« Pourquoi j'ai à même requête que dessus fait sommation
« à M. Bligny, d'avoir à signer (aux offres de lui en laisser un
« en main) les deux doubles du compromis dont la teneur
« suit, et qui est la reproduction textuelle du projet à lui

« précédemment soumis et qu'il a accepté, moins la phrase
« dont il a proposé l'addition dans les termes rappelés plus
« haut. »

§ 4

Je croyais bien cette fois avoir touché la fibre de M. Bligny
et me reprochais presque la dureté de mon interpellation : je
me réservais d'en adoucir la portée et d'en atténuer la viva-
cité à notre première entrevue devant nos arbitres, car je ne
mettais pas en doute que M. Bligny allait répondre en galant
homme à l'appel suprême que j'adressais à sa loyauté et à sa
délicatesse.

Mais je me trompais encore, et cette affaire devait finir
comme elle avait commencé,..... par une reculade !

En effet, M. Bligny persista à ne pas signer ; mais honteux
sans doute de son personnage, il échappa par une réponse
évasive à la nécessité de dire lui-même de quelle façon il entendait la justice ! — Il déclara donc à l'huissier : — « Que
son agréé avait ses pleins pouvoirs dans cette affaire et que
c'était à lui qu'il fallait s'adresser. »

Inutile de dire que l'agréé avait les pleins pouvoirs de refuser la signature demandée, et que par suite il ne m'est resté
d'autre ressource que de publier cette note, afin que chacun
puisse, en connaissance de cause, apprécier de quel côté ont
été la loyauté, la franchise, la conscience du bon droit.

Paris, 25 janvier 1868,

A. BONNEFOY.

10985 — Paris. Typographie Renou et Maulde, rue de Rivoli, 144.

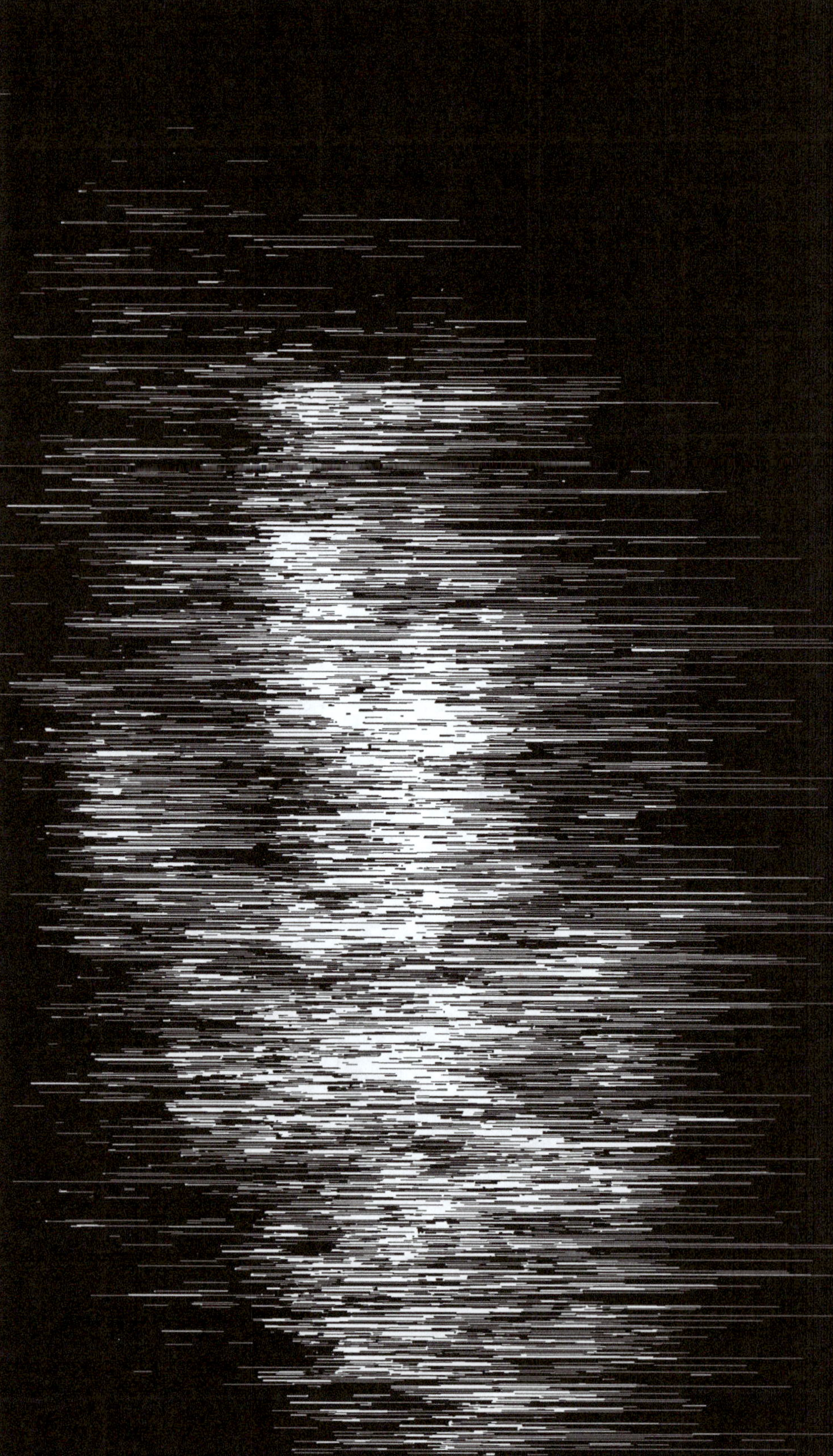